LE POLICHINELLE

SANS LE SAVOIR,

COMÉDIE-PARADE MÊLÉE DE COUPLETS,

Par MM. FRANCIS, DARTOIS et JOUSLIN DE LA SALLE,

REPRÉSENTÉE A PARIS SUR LE THÉATRE DES VARIÉTÉS, LE 21 AOUT 1823.

PRIX : 1 FR. 50 CENT.

PARIS,

AU GRAND MAGASIN DE PIÈCES DE THÉATRE ANCIENNES ET MODERNES,

CHEZ Mme. HUET, LIBRAIRE-ÉDITEUR,

RUE DE ROHAN, N. 21, AU COIN DE CELLE DE RIVOLI.

ET BARBA, LIBRAIRE, AU PALAIS-ROYAL.

1823.

~~~~~~

PERSONNAGES.	ACTEURS.
BELLEJAMBE, ancien danseur...	M. LEFEBVRE.
MARTIN, son ami, marchand d'ânes.	M. BLONDIN.
HÉLÈNE, fille de Bellejambe.....	Mlle PAULINE.
ACAJOU, fils de Martin, apprenti-tourneur......................	M. VERNET.
MÉRINOS, marchand de laines, prétendu d'Hélène.............	M. LEGRAND.
L'ESPRIT, danseur............	M. ALFRED.
ANNETTE, servante de Bellejambe.	Mlle FLORE.
Parens et Amis.	

La scène se passe à Montmorency.

Vu au ministère de l'Intérieur, conformément à la décision de son Excellence, en date de ce jour.

Paris, le 26 Août 1823.
Par ordre de son Excellence,
Le Chef-Adjoint,
Signé COUPART.

IMPRIMERIE DE HOCQUET.
~~~~~~

LE

POLICHINELLE SANS LE SAVOIR,

COMÉDIE-PARADE.

Le Théâtre représente le Jardin de M. Bellejambe, un pavillon à droite et une porte dans le fond, donnant sur la campagne.

SCENE PREMIÈRE.

BELLEJAMBE, MARTIN, *arrivant doucement.*

BELLEJAMBE.
Eh! bien, arrive donc, mon ami.

MARTIN.
Me voilà... me voilà.... Mon diable de cocher n'a pas voulu me conduire plus loin que les noyers.... Tu sais bien...

BELLEJAMBE.
Il menait peut-être du monde à Enghien ?

MARTIN.
Justement.

BELLEJAMBE.
C'est une fureur.

MARTIN.
Je le crois bien.

Air : Voulant par ses œuvres.

On y traite les nerfs, les rhumes,
Et pour hâter la guérison,
L'eau, l'air, les fruits et les légumes
Y sentent le soufre, dit-on ;
Même les arbres, les fleurettes
Y sont soufrés comme les eaux.
BELLEJAMBE.
Dans ce village les fagots
Sont donc des bottes d'allumettes ?

MARTIN.

J'ai été forcé de gravir à pied la montagne. Où avionsnous la tête, voisin, quand nous sommes venus nous établir à Montmorency?

BELLEJAMBE.

Ah dame! dans ce tems nous avions bon pied et bon œil. J'avais amassé quelque argent dans les ballets de l'Opéra, où je figurais sur la première ligne; l'amour de la gloire m'entraîna un jour sur la gloire de l'amour…Comme elle ne tenait qu'à un fil, je pensai me casser le col; heureusement j'en fus quitte pour une jambe.

MARTIN.

Cela dérangea tes projets?

BELLEJAMBE.

D'abord cela dérangea un peu ma jambe; mais je n'en aurais pas moins poursuivi ma carrière.

Air : *C'est un dragon :* (*Les perroquets.*)

Oui, de mon art justement idolâtre,
J'aurais dansé jusqu'à mes derniers jours.
De mes succès, à la ville, au théâtre,
L'amour, en vain, interrompit le cours.
Mais je pris femme et douce, et belle, et sage,
Et mon état par trop lui déplaisait;
Huit jours après mon mariage,
Je me reposai tout-à-fait.

MARTIN.

Et tu as bien fait. Mais tu devais te mettre de moitié dans mon commerce?

BELLEJAMBE.

Que le ciel m'en préserve! Tu t'es fait marchand d'ânes.

MARTIN.

Tu ne te fais pas une idée comme ces animaux-là se vendent bien cette année!

BELLEJAMBE.

D'ailleurs, je n'aime pas le commerce, moi.

MARTIN.

Comment, avec de pareils principes, marier ta fille à un commerçant!

BELLEJAMBE.

M. Mérinos. Ma foi, mon ami, e t'avoue que ce n'est pas sans répugnance, mais j'espère qu'une fois marié, il suivra mes conseils, et qu'il laissera là son magasin de laine et de coton. J'aurais préféré donner ma fille à un artiste, à un danseur ; mais enfin ce monsieur est riche , ma fille n'aura pas grand chose ; je me suis décidé à la marier, et nous signons aujourd'hui même le contrat. Ah ça, est ce que tu n'as pas amené avec toi ton fils Acajou ?

MARTIN.

Non , non ; il est en apprentissage chez un menuisier tourneur ébéniste ; il ne faut pas le distraire de son ouvrage Ce n'est pas l'embarras, celui-là, je crois, ne fera pas de folie. C'est un garçon bien rangé, et sage, sage comme une demoiselle. Je trouve même qu'il est un peu tardif. Il va avoir vingt-un ans, et il ne pense pas plus aux femmes...

BELLEJAMBE.

Tant mieux; ça viendra encore assez tôt. C'est comme ma fille; c'est un vrai cadeau que je fais à M. Mérinos... ça a été élevé ici sous mes yeux. Il y a des pères qui envoient leurs filles dans des beaux pensionnats de la capitale, où elles apprennent la géographie et l'histoire et l'anglais : moi, je n'ai jamais donné dans ce charlatanisme-là.... Ah çà, tu m'avais promis d'amener avec toi de Paris quelque farceur pour égayer la noce.

MARTIN,

Je t'ai tenu parole : j'ai invité de ta part ce fameux Polichinelle.

BELLEJAMBE.

Ah! ah! j'en ai entendu parler. Rien que sur les articles que j'ai lus de lui dans mon journal je suis fou de son talent.

MARTIN.

Cela passe l'imagination.

Air : *Vaudeville du déjeûner de garçon.*

Il fait ce qu'il veut de son corps,
Rien ne l'émeut, rien ne l'arrête ;
Il casse , et remet sans efforts,
Ses bras, ses jambes et sa tête.
Aussi, tout Paris court le voir ;
C'est, chaque soir, d'amples recettes ;
L'argent, chez lui, semble pleuvoir.

BELLEJAMBE.

L'argent souvent a fait mouvoir
De plus grandes marionnettes.

Ah çà, il t'a promis de venir ?

MARTIN.

J'ai sa parole. Il m'a seulement prévenu qu'il ne voulait pas être connu pour ce qu'il est. Mais une fois que nous le tiendrons...

BELLEJAMBE.

Ah! ah! je devine maintenant. C'est pour lui que tu m'as envoyé ce costume. Mon ami, tout cela a été caché dans ce petit pavillon; ainsi quand il arrivera...

MARTIN.

C'est très-bien; je te quitte pour une heure : j'ai une partie d'ânes à acheter, et l'on m'attend.

Air: : *Adieu, je vous fuis, bois charmant.*

Ce sont tous des ânes parfaits,
De très-agréables montures ;
Aussi, tous les jours les Anglais
Les préfèrent à leurs voitures.
Ces animaux sont précieux
Dans un pays comme le nôtre ;
Et j'en loue, autant que je veux,
A trente sous, l'un portant l'autre.

BELLEJAMBE.

Va à tes affaires, moi je vais prévenir mon monde pour qu'on fasse une bonne réception à ton monsieur. Dieu! un danseur chez moi (*il fait un entrechat*)! Autrefois je passais proprement un six, maintenant je talonne mon quatre.

MARTIN, *sortant.*

Au revoir.

SCENE II.

HELENE, ANNETTE.

HÉLÈNE.

As-tu entendu?

ANNETTE.

Non; de quoi parlaient-ils donc?

HÉLÈNE.

D'un danseur, d'un polichinelle qui doit venir à ma noce.

ANNETTE.

Ah, mon dieu! est-ce que ce serait mon amoureux de la rue Chantereine?

HÉLÈNE.

Non, non, c'est un artiste de la Porte-St-Martin. Mais s'il ne danse que le jour que j'épouserai M. Mérinos, il a le tems d'attendre.

Air : *Tout comme moi.*

Monsieur Mérinos, mon futur,
Est un sot, le fait est très-sûr ;
Il s'imagine qu'il va prendre
Une femme fidelle et tendre,
Qu'il aura mon cœur et mon bien ;
Il n'aura rien.

Je connais un jeune garçon
Rempli d'amour et de raison,
Dont le cœur encore timide,
Malgré le transport qui le guide,
N'ose demander rien du tout ;
Il aura tout.

ANNETTE.

Vous aimez donc toujours M. Acajou ?

HÉLÈNE.

Si je l'aime !... Acajou est un gentil garçon, un joli petit tourneur qui ne serait pas mieux fait quand il se serait tourné lui-même.

ANNETTE.

C'est vrai que vous m'avez dit qu'il était fait au tour.

HÉLÈNE.

RONDEAU.

Qu'il est aimable !
Toujours affable !
Et tout de flamme,
Près de sa femme,
Doux et tranquille,
D'humeur facile,
Surtout docile,
Il est
Parfait.
Jamais il ne commandera,
La confiance est son partage ;
Par la douceur, dans son ménage,
On en fera
Ce qu'on voudra.
Qu'il est aimable ! etc.

Pour moi de tout il est capable ;
Et s'il obtient jamais ma foi,
Je le ferais donner au diable,
Qu'il reviendrait toujours à moi.
Qu'il est aimable ! etc.

Il ne doit pas être bien loin, car de la fenêtre de ma chambre je l'ai aperçu qui rôdait autour du jardin... je lui ai fait signe d'entrer... Va bien vîte te mettre en sentinelle sur la route pour que mon père ne nous surprenne pas.

ANNETTE.

Oui, mam'selle. (*A part.*) J'vas trouver l'mien qui doit m'attendre au pied de la butte, au rendez-vous des Coucous. (*Elle sort par la gauche.*)

SCÈNE III.

HÉLENE, ACAJOU.

ACAJOU, *paraissant dans le fond.*

Psitt! psitt!

HÉLÈNE.

Quoi, c'est vous, Acajou?

ACAJOU.

Oui, mam'selle, oui, c'est moi. Quand j'ai su qu'on voulait vous marier, je n'ai pas pu y tenir, j'ai brisé mes outils, mes ciseaux, mon rabot, mon tour...

HÉLÈNE.

Est-il possible?

ACAJOU.

Air : *Un homme pour faire un tableau.*

C'en est fait, je quitte l' métier,
Je sens que j' n'y puis plus rien faire ;
Pour devenir bon ouvrier,
Il fallait l'espoir de vous plaire.
J'apprenais un état pour vous,
D' travailler, je n'ai plus l' courage ;
Il faut que j' devienne vot' époux,
Pour finir mon apprentissage.

HÉLÈNE.

Eh bien, rassurez-vous, Ne vous ai-je pas donné mon cœur?

ACAJOU.

Qu'est ce que ça prouve?

HÉLÈNE.

J'ai des principes, moi..... Je n'irai pas le reprendre pour le donner à un autre.

ACAJOU.

Mais si votre mari s'en passe?

Air : *Vaudeville du mariage à la hussarde.*
Pour moi , plus de momens prospères ;
Obéissez à vos parens ;
Je crois que l'on a fait les pères
Pour faire bisquer les enfans.

HÉLÈNE.

Un jour, près d'une ménagère ,
Vous aurez des fils.

ACAJOU.

Oui , vraiment ;
Mais je n' veux pas être leur père,
Si vous n'êtes pas leur maman.

HÉLÈNE.

Je tâcherai d'être leur maman.

ACAJOU.

Ah , mam'selle , voilà un hymen qui va me rendre mal-
heureux pour le reste de mes jours et de mes nuits ; j'ai vu
ma mère ce matin, et je lui ai raconté notre amour.... J'ai
attaqué sa sensibilité, je lui ai dit enfin : « je suis votre fils »
J'aimais mieux lui dire ça à elle qu'à mon père..... Alors
elle s'est attendrie tout-à-fait , et elle m'a répondu qu'il
n'était plus tems , que vous épousiez aujourd'hui M. Mérinos , et que mon père était parti pour la noce. Aussitôt
je prends mes jambes à mon cou , je rencontre une petite
voiture , je monte en lapin, et me voilà à Montmorency
moyennant soixante-quinze centimes , fruit de mes dernières
économies !

HÉLENE.

Voilà de l'amour !... Eh bien , c'est vrai, les parens, le
futur, les présens , le notaire , tout ça est arrivé , et mon
père vient d'aller avec tout le monde au-devant d'un origi-
nal qu'on attend de Paris... Au retour, on va signer le
contrat.

ACAJOU.

Et vous signerez !

HÉLÈNE.

Du tout.... je ne signerai pas, j'y suis bien résolue
Oh ! je n'ai pas été élevée à Paris, moi, je n'y mets pas
de finesse... Il faudra vous cacher ici.

ACAJOU.

Me cacher ?

HÉLÈNE.

Et oui , vous cacher. Mon père ne vous connaît pas ,
je trouverai bien le moyen...

SCÈNE IV.

Les Mêmes, BELLEJAMBE, MERINOS.

BELLEJAMBE, *dans le fond, à Mérinos.*

Il faut qu'il ait pris l'autre route, puisque nous ne l'avons
pas rencontré.

MÉRINOS.

Il sera venu par le chemin d'en bas... (*apercevant les*
) Mais quel est ce monsieur qui cause avec ma
prétendue ?

BELLEJAMBE.

Je ne le connais pas.

ACAJOU, *à Hélène.*

Vous croyez donc qu'on donnera dans la bosse ?

MÉRINOS, *bas à Bellejambe.*

Il parle de bosse à ma femme ; est-ce que ça me regar-
derait ?

HÉLÈNE.

Il faut préparer quelque bon tour pour mon futur.

BELLEJAMBE, *à part.*

Des tours ! serait-ce le Polichinelle que nous attendons ?

ACAJOU.

Quel saut je ferai si je réussis ! Mais je crois qu'il faut me
mettre à l'écart.

BELLEJAMBE.

L'écart... c'est lui, il n'y a plus de doute.

MÉRINOS, *à la cantonnade.*

Eh ! les autres ! . accourez tous , il est ici.

ACAJOU et HÉLÈNE.

Ciel !

HÉLÈNE.

Mon père !

ACAJOU.

Je suis flambé ?

SCÈNE V.

Les Mêmes, BELLEJAMBE, MÉRINOS, Parens et
Amis de la Noce.

CHŒUR, *à Acajou.*

Air : *Quelle fête.*

Quels plaisirs,
Quelle agréable surprise,
Quels plaisirs
Vous comblez tous nos desirs !

ACAJOU, *surpris.*
Que faut-il que je lui dise ?

BELLEJAMBE.
Vous recevoir m'est bien doux !

HÉLENE, *à part.*
Je devine la méprise.
(*Haut à Acajou.*)
On n'aurait rien fait sans vous.

ACAJOU.
Messieurs, je ne comprends guère...

MÉRINOS.
Vous nous comprendrez bientôt.

ACAJOU, *à qui Hélène fait des signes.*
Si j'avais su tant vous plaire,
Je serais venu plutôt.

BELLEJAMBE.
C'est bien, très-bien !

ACAJOU.
Je n'y comprends rien.

CHOEUR.
Quels plaisirs, etc.

BELLEJAMBE, *à Acajou.*

Soyez le bien venu, monsieur, nous vous attendions
avec impatience.

ACAJOU.

Monsieur, vous êtes bien bon... si j'avais pu prévoir...

BELLEJAMBE.

Vivent les artistes !.. les artistes comme vous surtout...
Voilà ma fille que je vous présente.

ACAJOU.

Monsieur... (*à part.*) Où en veut-il venir ?

BELLEJAMBE.

Allons donc, Hélène, fais donc politesse à monsieur.
Voilà monsieur Mérinos, mon gendre.

ACAJOU, *à part.*

Il a l'air d'un fier imbécille !

BELLEJAMBE, *à Mérinos.*

Saluez donc, monsieur Mérinos.

MERINOS, *saluant.*

Quoique je ne sois qu'un commerçant patenté, permettez-
moi de joindre mes complimens à ceux du beau-père...
Vous êtes artiste, monsieur ?

ACAJOU.

Oh! monsieur, tout au plus artisan, ouvrier.

MÉRINOS.

Ouvrier! allons donc, des assemblées superbes!

ACAJOU.

Oh ! monsieur, les assemblées ; c'est la première chose
qu'on apprend ; tous les gens qui commencent leur métier...

MÉRINOS.

Font des assemblées, oh ! oui, j'entends le calembourg,
les ployés, les battemens, les assemblées ; mais ces assemblées – là rassemblent tout le monde. Pardon, monsieur, si je ne connais pas tous les termes de votre art ; si
nous parlions mouton, mérinos, métis, laine en gros,
laine lavée, laine filée, ah ! ah ! je serais sur mon ter-
rein, et je vous dammerais le pion, moi, monsieur ; je
ne suis pas un sauteur.

ACAJOU, *étonné.*

Je ne suis pas un sauteur, non plus !

MÉRINOS.

Ou cabrioleur.... ce n'est pas que si j'avais voulu....
hem ! je crois que j'étais jambé pour ça. Mais non, je me suis
laissé faire par mon père... tout uniment négociant. J'ai l'amour
des arts, le sentiment du beau ; je suis passioné, fougueux,
extravagant même ; mais dès que mon intérêt parle, je de-
viens raisonnable, froid, impassible, je retourne à mes
moutons, à mes cabris, et je saute comme eux quand j'ai
fait un bon marché, et je ne suis pas sauteur.

ACAJOU.

Monsieur, certainement... *(à part.)* Est-ce que je rêve ?

HÉLÈNE.

Soyez sûr, monsieur, que votre présence est ce qui me flatte le plus aujourd'hui.

BELLEJAMBE.

Regardez-vous ici comme chez vous.

ACAJOU, *à part.*

Ah çà ! toute la famille bat la breloque.

BELLEJAMBE.

Dites-moi, vous vous êtes sans doute arrangé pour nous rester quelques jours ? Tenez, voilà un pavillon préparé.

ACAJOU.

Pour moi ?

MÉRINOS.

Exprès pour vous.

BELLEJAMBE, *l'interrompant.*

Air : *Ah ! quel plaisir !*

Allons, allons, le plaisir nous rassemble,
Reposez-vous ici quelques instans,
Puis nous irons déjeûner tous ensemble,
Et nous boirons à vos succès brillans.
MÉRINOS, *lui prenant la main.*
Vous serez notre ami, j'espère.
BELLEJAMBE.
Mais en attendant le festin,
Je veux vous fair' goûter mon vin.
ACAJOU.
Je crois qu'il faut me laisser faire.
CHOEUR.
Allons, allons, etc.

Les chœurs sortent.

BELLEJAMBE, *revenant.*

Je ne vous avais jamais vu, mais d'après le portrait qu'on m'avait fait de vous, je vous aurais reconnu dans mille. (*à part.*) Il est taillé tout-à fait en danseur.   (*Il sort.*)

MÉRINOS, *revenant.*

Monsieur, je n'ai pas encore été vous voir à Paris, mais aussitôt mariés ; je vous promets d'aller vous claquer !   *Il sort.*

HÉLÈNE.

Monsieur...

ACAJOU.

Ah çà ! vous allez m'apprendre...

HÉLÈNE.

Chut!... laissez-vous faire, et pas d'indiscrétion.

Elle sort.

SCENE VI.

ACAJOU , *seul.*

Pas d'indiscrétion... pas d'indiscrétion... en voilà une sévère par exemple... Je ne sais rien... que je me laisse faire... Tant qu'il n'y aura que des honnêtetés à recevoir , de bons dîners à manger et du vieux vin à boire, je le veux bien. Mais le mariage va son train , et c'est monsieur Mérinos qui sera le possesseur d'Hélène. Ah çà! pour qui me prend-on ?

SCENE VII.

ACAJOU , ANNETTE.

ANNETTE.

Monsieur... pardon excuse... voyez-vous...

ACAJOU.

Qu'est-ce que c'est, la petite ?

ANNETTE.

Monsieur, je m'appèle Annette , j'aurai dix-huit ans à la St.-Fiacre, je suis native de Limoges.

ACAJOU.

Ah ! vous êtes une Limousine ?

ANNETTE.

Oui, monsieur, et si j'avais su que vous étiez , certainement j'aurais été plus prévenante et plus polie avec un homme de votre espèce.

ACAJOU.

De mon espèce!.. Qu'est-ce que vous me voulez , Limousine ?

ANNETTE.

J' veux vous d' mander vot' protection pour mon amoureux.

ACAJOU.

Votre amoureux ; vous avez un amoureux ?

ANNETTE.

Et un fameux encore! c'est un beau jeune homme , et qui veut suivre la même carrière que vous.

ACAJOU , *à part.*

Alors , c'est quelqu'apprenti marchand de meubles.

ANNETTE

Et si vous vouliez le pousser un peu et le prendre sous vot' protection , je suis sûre que mon parrain , monsieur Bellejambe , consentirait à not' mariage.

ACAJOU.

Tu crois ?...eh ! y a-t-il long-temps qu'il travaille ? qu'est-ce qu'il sait faire ?

ANNETTE.

Ah dame ! il est fièrement adroit , allez ! il fait tout ce qu'il veut de ses pieds et de ses mains.

ACAJOU , *à part.*

Justement il manque un ouvrier chez le bourgeois. (*haut*) Sait-il bien tourner un bras , ajuster un pied?

ANNETTE.

Et une tête donc !

ACAJOU.

Oui ! eh bien ! qu'il me montre de son ouvrage , et je me charge de lui.

ANNETTE.

Oh ! je vous remercie bien , monsieur , j' vas lui dire qu'il vous donne un échantillon de son savoir faire..... Dites donc , vous n'avez pas été à Chantereine , dernière-ment ?

ACAJOU.

Non. Est-ce qu'il était pour quelque chose par là ?

ANNETTE.

Je vous en réponds , allez ! et il a fait un effet ! s'il y avait eu là quelque journaliste pour le faire mousser , c'est un gaillard qui travaille bien les planches. Adieu , mon-sieur , j' vas lui dire qu'il vous fasse quelque chose.

Elle sort.

ACAJOU.

Va , va... Le diable m'emporte si je conçois rien à tout ça ; ils sont tous comme des fous après moi !

SCENE VIII.

ACAJOU , HÉLENE.

HÉLÈNE , *accourant avec mystère.*

Monsieur Acajou ! monsieur Acajou !

ACAJOU.

Ah! c'est vous, belle Hélène! vous allez m'instruire...

HÉLÈNE.

Silence, mon père me suit!

ACAJOU.

Mais pour qui me prend-on?

HÉLÈNE.

Vous avez fait des merveilles!

ACAJOU.

Mais je n'ai rien fait du tout.

HÉLÈNE.

Mon père est enchané de vous, tout va bien jusqu'ici. Continuez, le voilà qui vient vous trouver Vîte, tombez à mes pieds, et faites-moi une déclaration d'amour.

ACAJOU.

Mais il va se fâcher.

HÉLÈNE.

Allons donc vîte, à genoux! et de la passion.

Il tombe à ses genoux.

ACAJOU.

Ah! mon Dieu! qu'est-ce que je vais devenir?

HÉLÈNE.

Ce n'est pas ça... « Mademoiselle, je vous aime, je vous adore, et cœtera.

SCENE IX.

Les Mêmes, BELLEJAMBE.

BELLEJAMBE, *arrivant et apercevant Acajou aux pieds de sa fille.*

Que vois-je!

ACAJOU, *à genoux.*

Mademoiselle, je vous aime, je vous adore, et cætera. (*à part.*) Il va me pleuvoir une volée de coups de canne, c'est sûr!

BELLEJAMBE, *à part.*

Qu'entends-je?

HÉLÈNE, *lui soufflant.*

Je sens que je mourrai si vous devenez la femme d'un autre.

ACAJOU, *à genoux.*

Je sens que je mourrai si vous devenez la femme d'un autre... (*bas à Hélène.*) A-t-il sa canne, hein?

HÉLÈNE.

Monsieur, c'est à mon père qu'il faut vous adresser.

BELLEJAMBE, *à part.*

Voilà une fille sage.

HÉLÈNE.

Et je vais moi-même l'instruire.

BELLEJAMBE, *s'avançant.*

C'est bien, c'est très bien, ma fille ; oh! j'étais là. Voilà le fruit de l'éducation que ta mère t'a donnée ; elle ne se serait pas conduite autrement que toi aujourd'hui.

ACAJOU.

C'est dans le sang cela.

BELLEJAMBE, *à Acajou.*

Mais vous, monsieur, comment se fait-il qu'à peine arrivé ici?... il paraît que vous êtes habitué à sauter par-dessus toutes les convenances. Eh bien! parlerez-vous?

ACAJOU, *à part.*

Je ne sais que lui dire, j'ai peur de lacher quelque bêtise.

HÉLÈNE.

Mon père, je vais vous expliquer ça.

BELLEJAMBE.

Parbleu, ceci n'est que trop clair, ça n'a pas besoin d'aucune explication.

ACAJOU.

Pardonnez-moi, ça a besoin d'explication ; expliquez, mademoiselle.

HÉLÈNE.

C'est vous qui avez fait venir monsieur ici, c'est vous seul qui êtes cause que nous nous connaissons ; monsieur n'a pas été maître de la première impression... moi-même je ne sais quel trouble... mais, je m'en rapporte entièrement à vous, vous devez savoir si monsieur est plus fait pour me rendre heureuse que monsieur Mérinos que je ne aurais aimer.» Expliquez-vous maintenant avec monsieur, ma présence pendant cet entretien, serait déplacée, je me retire ; vous en savez assez. (*Elle fait la révérence et sort.*)

SCENE X.

ACAJOU, BELLEJAMBE.

ACAJOU, *l'appelant.*

Je n'en sais pas assez. Un instant, mademoiselle. (*à part.*) Si c'est comme cela qu'elle débrouille l'affaire.

BELLEJAMBE.

Ma foi, monsieur, vous me mettez dans un bel embarras !

ACAJOU.

Vous n'êtes pas si embarrassé que moi, allez.

BELLEJAMBE.

Où diable aussi, mon cher monsieur, allez-vous attendre le jour où je dois marier ma fille pour vous amouracher d'elle ? Vous me répondrez à cela que vous ne pouviez pas l'aimer avant de la connaître : mais moi, je vous dirai que vous arrivez trop tard, que j'ai promis ma fille à M. Mérinos qui est un riche marchand. A quoi vous me répliquerez que vous avez dans votre talent une fortune plus grande et mieux assurée que la sienne.

ACAJOU.

Oh, monsieur, je ne dis pas...

BELLEJAMBE.

Vous ne le dites pas par respect, c'est fort bien ; mais vous le pensez, et je suis de votre avis.

ACAJOU.

Mais je ne le dis pas.

BELLEJAMBE.

Je sens bien que vous êtes un meilleur parti que M. Mérinos ; mais au moins aidez-moi à trouver quelque excuse raisonnable pour me débarrasser de lui sans éclat.

ACAJOU.

Ah, mon dieu! de tout mon cœur; voulez-vous que je le chasse?

BELLEJAMBE.

Le chasser! vous entendez bien que cela ferait un scandale affreux. J'imagine une chose : ce pavillon renferme le costume sous lequel vous charmez tout Paris; allez le prendre, revenez ici, déployez devant tout le monde ce beau talent qui enlève tous les suffrages, et quand l'enthousiasme sera général, déclarez votre amour...Vous m'entendez... une scène de polichinelle, et ma fille est à vous. Un père ne devrait pas dire ces choses-là, une scène de polichinelle, et ma fille est à vous.   *Il sort.*

SCENE XI.

ACAJOU, *seul.*

En voilà bien d'une autre à présent! Parbleu, le beaupère est une singulière ganache! Ah çà, est-ce que tout ceci serait une mystification? Un moment, je suis tourneur, c'est vrai, mais je ne suis pas un cadet à mystifier.

SCENE XII.

ACAJOU, MERINOS.

MÉRINOS, *arrivant d'un air tragique.*

A moi, monsieur, deux mots.

ACAJOU.

Quatre, si vous voulez.

MÉRINOS, *avec colère concentrée,*

Parlons bas.

ACAJOU, *parlant bas.*

Je le veux bien, car je commence à m'enrouer.

MÉRINOS, *à l'oreille, lui serrant la main.*

Air : *T'en souviens-tu?*

La belle Hélène et me charme et m'enflamme,
Près du papa je suis tout en faveur;
Ce soir enfin elle sera ma femme,
Je ne sais pas si vous l' savez, Monsieur. (*il prononce l'r.*)

Je sais quels sont vos talens pour séduire,
Vous ravissez quand vous vous enlevez...

ACAJOU, *l'imitant d'un air goguenard.*

Je ne sais pas ce que vous voulez dire,
Je ne sais pas monsieur, si vous l' savez.

MÉRINOS.

Oui, je le sais, j'ai un rival.

ACAJOU.

C'est possible.

MÉRINOS.

Ça est... Ce rival, c'est vous.

ACAJOU.

Peut-être.

MÉRINOS.

Il n'y a pas de peut-être, j'en suis sûr.

ACAJOU, *déclamant.*

Pourquoi le demandez-vous, puisque tu en es sûr.

MÉRINOS.

Je le tiens de la bouche même d'Hélène.

ACAJOU.

Eh bien, alors, qu'est-ce que vous venez me chanter ? j'aime autant que vous le teniez de sa bouche que de la mienne, ça vous passera mieux.

MÉRINOS.

Oui, mais c'est que ça ne peut pas se passer comme ça, et que Mérinos ne se laissera pas manger la laine sur le dos.

ACAJOU.

Ah! çà, dites donc, jeune et beau Mérinos, est-ce que vous prétendriez faire rétrograder mon amour devant la gouaille et la menace... J'aime la fille de M. Bellejambe, la fille de M. Bellejambe m'aime... Je suis bon enfant, je vous offre l'épée ou le pistolet... à moins que n'aimiez miez mieux le duel à l'anglaise, vulgairement appelé la bataille des taloches. (*Il se met en garde comme pour se battre à cuups de poings.*) Ah! c'est que je suis un faubourien, moi.

Il lui frappe sur l'épaule.

MÉRINOS, *faisant un mouvement en recevant le coup.*

Air : *Nous, Mesdames, cherchons bien.* (l'Ours et le Pacha.)

Ah ! quel coup pour
Mon amour !
Un rival m'ose, en ce jour,
Faire un tour   *(bis)*
Qu'il faut venger à mon tour.
Mais le beau-père m'attend,
Je ne perds pas un instant,
Je sais tout... c'est constant.

ACAJOU, *à part.*

Je voudrais en dire autant.

MÉRINOS.

Ah ! quel trait infame !
Me prendre ma femme
Quand l'hymen est si près !

ACAJOU.

Il vaut mieux avant qu'après.

MÉRINOS.

Je verrais près d'elle
Un Polichinelle.

ACAJOU.

Point d' sottise ; entre nous,
L' Polichinelle, c'est vous !
Ah! quel coup pour mon amour!
Un rival m'ose, en ce jour,
Faire un tour
Qu'il veut venger en ce jour.
Mes yeux sont ouverts au jour ;
L'un des deux de ce séjour
Doit partir en ce jour,
Ainsi, j' vous souhait' le bonjour.

MÉRINOS.

Ah! quel coup pour mon amour,
Etc., etc.

MÉRINOS.

Tes grimaces
Et tes grâces,
Et tes pas
Et tes échâsses,
Quoiqu'on fasse,
A ma place
Ne te mettront pas,

Saute, vole,
Cabriole!

ACAJOU.

Dans l'hymen qui te désole,
Nous verrons qui fera l' mieux
Le saut périlleux.

ENSEMBLE.

Ah ! quel coup, etc.

ACAJOU, *seul, à la cantonnade.*

Nous verrons, M. Mérinos, nous verrons.

SCENE XIII.

ACAJOU, ANNETTE.

ANNETTE, *entrant par la porte du fond et parlant à la cantonnade.*

Oui, attendez-moi là un instant.

ACAJOU, *à part.*

Ce grand flandrin, me traiter de Polichinelle.

ANNETTE, *à Acajou.*

Ah! vous voilà, M. Polichinelle.

ACAJOU.

Et toi aussi!... Est-ce qu'ils se sont donné sle mot?

ANNETTE, *à part.*

Quoi qu'il a donc. (*Haut.*) Pardon, Monsieur, je n' sais
pas votre autre nom ? (*avec mystère*) Le jeune homme en
question est là.

ACAJOU.

Qu'est-ce que ça me fait à moi, le jeune homme en
question?

ANNETTE.

J'y ai dit que vous vous chargiez de lui, et il va vous
montrer ce qu'il sait faire ; vous en serez content. Vous
n'avez pas une pratique à lui prêter?

ACAJOU.

Est-ce que je me charge de lui donner des pratiques?
(*à part.*) Est-elle bête, la Limousine?

ANNETTE.

Je n'vous dis pas ça... il vous la rendrait ; c'est qu'voyez-
vous.

Air : *Vaud. du Petit Courrier.*

De vous r' sembler il est jaloux,
Il fait l'saut, que c'est admirable !
Et c' qu'est encor plus agréable,
Il est tout disloqué comme vous.
Pour vous imiter rien n' l'arrête,
Et je sais mêm' qu'il a l' projet
De se faire couper la tête,
Pour vous ressembler tout-à-fait.

ACAJOU.

Va-t-en au diable.

ANNETTE.

Je ne vous quitte point. Mam'zelle Hélène m'a dit comme ça d' vous dire qu'elle vous attendait auprès du petit bassin par là.

ACAJOU, *vivement.*

Tu ne pouvais pas le dire tout de suite ?

ANNETTE.

Ah ! bien oui.

Air : *Je regardais Madelinette.*

Moi, qui vous croyais doux, aimable,
Je venais pour vous avertir,
Et v'là qu' vous m'envoyez au diable,
Je n' peux pas encore en r' venir.

ACAJOU.

Allons, j'ai tort.

ANNETTE.

   J'aim' ce langage.
Quand on me brusque rien ne va,
C'est que j' suis une fille sage.

ACAJOU.

Je n' pouvais pas deviner ça.

Ensemble.
{
Pour toi je serai doux, affable,
Et, puisque tu viens m'avertir,
Auprès d'une maîtresse aimable
Il faut me hâter de courir.

ANNETTE.

Moi, qui vous croyais doux, aimable,
 Etc.

        Il sort.

SCÈNE XIV. (*)

ANNETTE, L'ESPRIT.

ANNETTE, *d'abord seule ; elle va à la porte du fond et parle à la cantonnade.*

Eh ! arrivez donc ?

L'ESPRIT, *arrivant.*
Il marche avec difficulté ; les pieds en dehors et en tendant le derrière.

Me voilà, me voilà !

ANNETTE.
Comme vous marchez, M. L'esprit.

L'ESPRIT.
Oh dame, nous autres danseurs, est-ce que vous croyez que nous marchons facilement ? Ça n'est pas notre état de marcher ; nous ne sommes pas des hommes comme les autres. Les peintres ont du génie, les poètes ont de l'esprit ; nous autres danseurs nous avons les battemens et les aîles de pigeons. Ces gens là marchent à l'immortalité, nous, nous y sautons.

ANNETTE.
Mais vous avez l'air d'être éreiné.

L'ESPRIT.
Je le suis bien un peu aussi. Depuis deux mois que je me tortille le corps de toutes les manières, que je me casse les os, ni plus ni moins qu'un pigeon à la crapaudine, si vous croyez que ça vousarrange un homme.

ANNETTE.
C'est donc un métier de casse-cou que l'état de Polichinelle.

L'ESPRIT.
C'est une nouvelle branche d'industrie qu'on vient de perfectionner.

Air : *Je loge au quatrième étage.*

Pour fixer la foule incertaine,
Jadis, grâce au mécanicien,
Des morceaux de bois sur la scène

(*) Cette scène peut se retrancher dans le cas où le rôle du polichinelle serait joué par un danseur... Après la sortie d'Acajou, on passerait de suite au monologue d'Annette, que l'on arrangerait ainsi : « Tout est bien préparé, j'ai fait entrer mon amant dans ce » pavillon par l'autre porte, il s'habille en polichinelle, quel plaisir » quand je serai sa femme ! je crois que je deviendrai, etc. »

Imitaient des hommes fort bien ;
Ce moyen , au siècle où nous sommes,
Est devenu par trop bourgeois,
Et maintenant ce sont les hommes
Qui font comm' les morceaux de ho s.

ANNETTE.

Moi, j'aime mieux ça, mais il n'faut pas s'amuser à ja-
ser. Tout est prêt là dedans. J'ai éloigné ce Monsieur,
pour qu'il ne vous voie qu'en costume. Tout le monde
va revenir par ici. Songez à vous distinguer.

L'ESPRIT.

Soyez tranquille , L'esprit va faire son jeu. Tenez , les
jambes par-dessus la tête , le grand écart.

Il entre dans le pavillon.

SCENE XV.

ANNETTE, *seule.*

Le grand écart... Quoique ça prenez-garde. (*Il entre.*)
(*à part, en descendant la scène.*) J' veux bien qu'il fasse fortune , mais... Ah ! quel plaisir quand je serai sa femme !
J' crois que j' deviendrai danseuse aussi ? J'ai des disposi-
tion pour la danse, moi, et l' dimanche comme j'allons en-
tonner la chanson des faubourgs !

Air : *de M. Blanchard.*

Premier Couplet.

Les filles de Saint-Dénis
N' veul'nt que des maris petits ;
Quand ell's en trouv'nt autrement ,
Ell's s'en régal'nt joliment ;
Tra, la , la , la.

Deuxième Couplet.

Les demoisell's de Mousseaux
Prenn'nt les hommes les plus beaux ;
Mais quand ell's en ont d' vilains ,
Ell's n' vont pas l' dire aux voisins.
Tra , la , la , la.

Troisième Couplet.

Ce sont les fill's de Saint-Cloud
Qui s'en vont crier partout
Qu'ell's n'ont tout's qu'un seul amant...
Y a tout près un régiment !
Tra , la , la, la.

Quatrième Couplet.

Ce sont les maris d' Pantin
Qui disent soir et matin

Qu'il n' port'nt que des chapeaux ronds...
Ils en port'nt de tout's façons.
Tra , la , la , la.
Mais v'là toute la société.

SCENE XVI.

BELLEJAMBE, MÉRINOS , HÉLÈNE, les Parens, la Noce.

CHŒUR , *en entrant.*

Air *de Joconde.*

Amis, le plaisir nous appelle ,
Allons tous voir Polichinelle;
Ces bosquets pour lui sont bons,
Admirons ses sauts , ses bonds ;
Au vrai talent rendant justice ,
Comme à Paris qu'on l'applaudisse.

HÉLÈNE.

Eh bien , mon père , qu'avez-vous décidé avec ce monsieur ?

BELLEJAMBE, *bas à Hélène.*

Tu vas le voir , il va danser devant tout le monde, et je lui donne ta main.

HÉLÈNE , *à Bellejambe.*

Mais mon père, c'est impossible !

SCENE XVII.

Les Précédens, ANNETTE.

ANNETTE.

Le v'là, le v'là, Polichinelle !

SCENE XVIII.

Les Précédens, L'ESPRIT , en Polichinelle.

Il danse , après avoir dansé il rentre dans le pavillon.

SCENE XIX.

Les Mêmes, excepté L'ESPRIT.

CHŒUR.

C'est charmant ! (*bis*)
Quelle grâce ,
Ça me passe ,
C'est charmant ! (*bis*)

On croirait en le voyant,
Que dans ses danses nouvelles,
Ce maîtr' des Polichinelles
Remue avec des ficelles :
C'est le comble du talent !

Air : *Une fille est un oiseau.*

Je suis vraiment hors de moi !
Ah ! viens m'embrasser , ma fille !
Quel honneur pour ma famille ,
Polichinelle est à toi !

(*A Mérinos.*)

Quant à vous , ça me désole ,
Mais je reprends ma parole.
Qu'un autre hymen vous console !

MÉRINOS.

Entre nous point de débats !
Si votre fille précoce,
Donne déjà dans la bosse ,
Moi, je n'y donnerai pas !

Il sort.

SCENE XX.

Les Mêmes , ACAJOU.

ACAJOU , *dans le fond.*

Ah ! les voilà tous rassemblés !

TOUS , *l'entourant.*

C'est charmant !   (*bis*)
Quelle grâce ,
Ça me passe,
Etc.

ACAJOU , *impatienté.*
C'est charmant ! c'est charmant ! ça finira-t-il ?
BELLEJAMBE.
Ça finira quand vous voudrez. Après ce que vous
venez de faire. Quel gaillard pour les travestissemens !
Je vous donne ma fille avec 15,000 francs de dot.
ACAJOU.
J'accepte à l'unanimité. (*A part.*) Si c'est une mystifi-
cation, elle est drôle.
ANNETTE.
V'là M. Martin qui arrive.

ACAJOU.

Mon père ! Gare la bombe !

SCENE XXI.

Les Mêmes, MARTIN,

MARTIN, *entrant.*

Que diable faites-vous donc par ici ?

BELLEJAMBE.

Ah ! mon ami ! nous sommes dans l'admiration ! Quel homme que ton Polichinelle ! C'est lui qui épouse ma fille !

MARTIN.

En vérité ?

BELLEJAMBE.

En vérité. Tiens, le voilà !

MARTIN.

Que vois-je ! Mon fils !

TOUS.

Son fils !

MARTIN.

Pour qui te donnais-tu donc ici, mauvais sujet ?

ACAJOU.

Moi, mon père, je me suis donné pour rien ; mais il paraît qu'on m'a pris pour quelque chose.

BELLEJAMBE.

Vous n'êtes donc pas danseur ?

ACAJOU.

Je suis tourneur.

BELLEJAMBE.

Cependant, nous en avons un qui vient de danser.

ANNETTE.

C'est le mien, Messieurs ; c'est un jeune homme qui m'aime, et qui prend l'état de Polichinelle par vocation,

SCENE XXII.

Les Précédens; **L'ESPRIT** *en Polichinelle sur le balcon du pavillon ; il fait aller sa pratique ; tout le monde se retourne.*

TOUS.

Le voilà ! le voilà !

BELLEJAMBE.

Allons, monsieur Polichinelle, descendez.
(*L'Esprit jette un cri, et traverse le théâtre.*)

CHOEUR.

C'est charmant, etc.

BELLEJAMBE, *à Martin.*

Ah ! çà, mon ami, puisqu'ils s'aiment, nous unissons nos enfans. Je te donnerai les quinze mille francs, mais tu feras des battemens; tu sauteras, mon ami; je veux que tu sautes.

VAUDEVILLE.

Air : *de M. Blanchard.*

Que de sauteurs nous voyons à la ronde !
L'or fait sauter les méchans et les bons.
Pour s'élever, tout saute dans le monde,
Et tout ne va que par sauts et par bonds.

CHOEUR.

Que de sauteurs, etc.

MARTIN.

Dans son état tel qui peut vivre honnête,
Vers la fortun' s'en va faire le saut;
Il veut sauter partout ; rien ne l'arrête.
Plus on est bas, plus on veut sauter haut.

CHOEUR.

Que de sauteurs, etc.

ACAJOU.

Le gai luron fait sauter la fillette,
Femme, en secret, fait sauter son mari.
Le franc buveur fait sauter la feuillette,
Et nos soldats font sauter l'ennemi.

CHOEUR.

Que de sauteurs, etc.

BELLEJAMBE.

Par les plaisirs, séduits, trompés sans cesse,
Nos jeunes gens, pleins d'une folle ardeur,
Sautent souvent par-dessus la sagesse,
Mais n' peuvent jamais sauter par-d'ssus l'honneur.

CHOEUR.

Que de sauteurs, etc.

L'ESPRIT,

Partout les sauts sont un' grande ressource,
Pour les banquiers et pour certain agent ;
Mais, par malheur, les sauteurs de la Bourse,
Par contre-coup, font sauter notre argent.

CHOEUR.

Que de sauteurs, etc.

ANNETTE,

Du mariage, et pour prix de ta flamme,
J'vais, avec toi, fair' le saut périlleux ;
Mais n' va pas fair' sauter une autre femme,
Si tu n' veux pas que je te saute aux yeux.

CHOEUR.

Que de sauteurs, etc.

HÉLÈNE, *au Public.*

Tout Paris court aux scènes imprévues,
D'un gai danseur qu'on trouve sans défaut ;
Ses sauts, ses bonds le font aller aux nues,
Pour l'imiter, il faudrait sauter haut.
Que l'indulgence aujourd'hui se signale ;
Et, chaque soir, Messieurs, pour applaudir,
Ne fait' qu'un saut de chez vous dans la salle,
Vous nous ferez sauter tous de plaisir.

FIN. 

www.ingramcontent.com/pod-product-compliance
Lightning Source LLC
LaVergne TN
LVHW021701170726
843501LV00007B/2657